市町村行政改革の方向性

ガバナンスとＮＰＭのあいだ

佐藤　克廣

地方自治土曜講座ブックレットＮｏ．95

1　市町村行政改革の前提

本日は、「市町村行政改革の方向性―ガバナンスとＮＰＭのあいだ―」というタイトルで、行政改革、特に市町村の行政改革に関するテーマでお話ししたいと思います。ところが、副題に「ガバナンス」とか「ＮＰＭ」という横文字が入っております。これをご覧になって少し腰が引けている方がいらっしゃると思います。これらの言葉は、最近よく使われるので、耳にすることが多いのではありますが、説明をしろと言われると、なかなか把握の難しい概念だろうと思います。これらの言葉については、のちほどできるだけ簡単に、しかし、詳しく説明したいと思います。

また、本日は、後半に志木市の行政改革の実践についての話がありますし、最後の討論では、白老町の実践についての話もでますので、私の話は、やや抽象論になってしまいますことを最初にお断りしておきます。

八〇年前から希求されている行政改革

さて、本題に入る前に、やや古いのですが、石橋湛山（一八八四～一九七三）氏が書きました評論の中から、ある部分を紹介したいと思います。石橋湛山氏は、戦後に政治家に転身し、一九五六年には内閣総理大臣にも就任しましたが、戦前は、主に東洋経済新報社に拠って、経済評論を中心に、同時代の政治、文化、文芸に至るまで、非常に幅の広い評論活動を行っていた人物です。以下に紹介する評論は、「行政改革の根本主義―中央集権から分権主義へ―」というタイトルで、一九二四年の『東洋経済新報』の社説に書かれたものです（松尾尊兊編『石橋湛山評論集』岩波文庫、一九八四年、一四〇～二頁）。

「元来、我が行政組織は、維新革命の勝利者が、いわゆる官僚政治の形において、新社会制度の下において、国民を指導誘掖する建前の上に発達しきったものである。であるから、役人畑に育て上げられた官僚が、国民の支配者として、国民の指導者として、国運進展の一切の責任を荷なうという制度に、自然ならざるを得なかった。これ、我が政治が国民の政治でなくて官僚の政治であり、我が役人が国民の公僕でなくて国民の支配者である所以であり、我が行政制度が世界に稀な中央集権主義であり、画一主義である根因である。

（中略）

しかるに、以上のごとき政府の指導的位地は、最近二つの理由によって、全く根本から動揺するに至った。その理由の一は、一度権力を得たるものが常に陥る安逸保守の生活のために、官僚が国民指導の実力を失ったことであり、理由の二はこの間における一般国民の著しき進歩によって、国民が官僚以上の実力を養ったことである。換言せばこれまで、何事にも官僚の厄介になり官僚の指導を仰いだ国民が、今や官僚という親から独立独行しうるにいたり、かえってこれを老耄視するに至ったのだ。

（中略）

元来官僚が国民を指導するというが如きは、革命時代の一時的変態に過ぎない。国民一般が一人前に発達したる後においては、政治は必然に国民によって行わるべきであり、役人は国民の公僕に帰るべきである。・・・（略）・・・ここに勢い、これまでの官僚的政治につきものの中央集権、画一主義、官僚万能主義（特に文官任用令の如き）というが如き行政制度は、根本的改革の必要に迫られざるを得ない。」

少々長い引用になりましたが、文体さえ気にしなければ、今の日本の現状にもそのまま当てはまりそうな議論です。要するに、日本の政治が官僚主導になっており、これを改革しなければ日本の将来はないという議論です。このように、およそ八〇年も前からすでに、日本国内においても行政改革の必要性は様々な形で指摘されていました。

ところで、本日お話しする「行政改革」の中心となるのは、市町村です。一口に行政改革と言っても、そこには国（中央政府）、都道府県、市町村という各レベルの行政改革が含まれています。先ほど紹介した石橋湛山の評論が主張している行政改革は、「中央集権から分権主義へ」の副題からも見て取れるように、国内全般にわたるものであり、従って、国（中央政府）の行政改革であると言えます。

そうはいいましても、では、市町村の行政改革と、国や都道府県のそれと何が違うのかということになりますが、結論から申し上げますと、実はそんなに違わないわけです。ですが、本日の出席者のほとんどが、市町村に関係している人たちだろうと思います。立場こそ、住民であったり、何らかの団体に所属していたり、市町村役所の職員であったりと異なっていても、市町村に何らかの関わりを持っている方が多いと思われます。そこで、市町村としておきました。

「市町村行政改革」という言葉

さて、レジュメには、最初に「市町村行政改革のよくある二つの視点」と書いています。一つ目には、「市町村行政の管理運営方法を変更すること」と書いてあります。二つ目には、「市町村政府の管理運営方法を変更すること」と書いてあります。同じことが書いてあるのではないかと思われる方がいらっしゃるかもしれませんが、よくご覧いただければわかりますが、一つ目は「行政の」とあって、二つ目には「政府の」と書いてあります。

この二つが、市町村の、あるいは都道府県も含めまして、地方自治体の行政改革といった場合には、混同されているきらいがあります。もちろん、国のレベルの行政改革の場合も混同されている場合がありますけれども、市町村など地方自治体の場合は、混同の度合いがより高いといってよいと思います。

この二つを、やはり分けて考える必要があると思っています。一つ目は、「行政の管理運営方法を変更すること」です。二つ目は、「市町村政府の管理運営方法を変更すること」です。二つ目には、その後に括弧で囲んで「(市町村政治改革?)」と書いてあります。要するに、市町村の政治、もう少し限定して言いますと、議会改革とかそういったものを含めて「行政改革」と使われることがあるということを示したものです。お聞きになっている皆さんの中には、そんなの当たり前だと思っている方もいらっしゃるかもしれません。つまり、議会も含めて「市町村行政改革」なのだと考えている方もいらっしゃるかもしれません。

議会改革は行政改革に含むべきではない

私は、二つ目の捉え方、これは大いなる間違いで、やはりこの視点は「政治改革」とした方がよろしいのではないかと思っております。たとえば、議会議員の定数を削減するというのは、「行政改革」なのかということですね。「政治改革」ではある、これは間違いない。しかし、それを「行政改革」といってしまうと、では議員さんたちは「行政」をやっているのかということになってしまいます。「市町村議員は、市町村行政を担っていますか」と聞けば、この中のほぼ全員が

「いや、議員さんは行政はやっていない」とおっしゃるはずです。にもかかわらず、「議会改革」といったものも、「行政改革」の中にひっくるめて考えてしまうのかということです。そういうイメージを持ってしまうのは、市町村の政府が行っている仕事は「行政」だ、「国の行政の下請け」だという意識があるからではないかと思うのですね。これを、暗黙のうちの前提にしている。いわば身に付いてしまっている。そこで、「行政改革」といえば、本来の行政の改革はもちろんあるのですが、議会の改革も含めてついつい「行政改革」と考えてしまうということだろうと思います。

しかし、今申し上げたことでおわかりのように、議会の改革まで含めて「行政改革」というのは言い過ぎではないかと思っております。言葉の使い方は、人によってある程度異なってくるというのは致し方ありません。議会改革も含めて「行政改革」と言った方が便利であるとお考えになる方もいらっしゃるかもしれません。戦略的にはその方がよいのだとお考えになる方もいるのは仕方のないところです。しかしながら、私の講義では、議会を含めて「行政改革」というふうには使わないで、純粋に、行政の管理運営方法を変更することをさして「行政改革」という言葉を使っていきたいということをお断りしておきたいと思います。

改革の目的の確認を

言葉の定義といった、やや学者的な話になってしまいましたので、お疲れになったかと思いますが、それでは、市町村行政改革の対象を市町村行政に限定にしたところで、いくつか疑問に思うことがあります。レジュメには、「市町村行政改革への五つの疑問」と書いておきました。

一つは、行政改革というのは、よくいわれるように職員を減らすということなのかどうかということであります。二番目は、財政支出、つまり市町村の予算を削減していくことが行政改革なのだろうかということであります。三番目は、最近「行政も民間を見習うべきである」とよくいわれていますが、行政は民間を見習うべきかどうなのかということであります。四番目は、行政改革をいたしますと、最近小泉首相が「国民にも負担をしてもらう」というようなことをおっしゃっていますが、ある程度は住民の皆さんにも負担を求めたいということになろうかと思います。そこで、行政改革というのは住民の負担を増やすということであるのかどうかということであります。最後に、五番目は、これもわかりやすいと思うのですが、行政改革というのは機構改革であるかどうかということです。行政改革を行うためには役所の機構に手をつけて改革するということなのかどうかということであります。

こうした疑問を掲げましても、皆さん方は、ひとつひとつ細かくしていったら、それは、少しずつ違う、あるいは、それだけじゃないとなるのは当然だとお考えになるのではないかと思います。もちろん、私も、これらすべてについて、いやそうではないと申し上げるつもりは全くございません。それぞれが絡み合って実際の改革がなされるということになるわけです。あるいは、改革しようということになるわけです。

ただ、これらの中のどれか一つ、あるいは、二つ程度、例えば、人減らしをするだとか、予算を減らすだとかですね、そういったような事柄を単純に取り出して、それでもって行政改革は終わりであると考えるのはよろしくないのではないかということになります。

行政改革の目的はなんであるのか、何のために行政改革を行うのかということをしっかりとわきまえた上で、行政改革を進めていかなければならないということを確認したいと思います。行政改革の目的を確認するのは、もちろん役所だけではだめだということも、ここにご出席に皆さん方にはたちどころに了解されることだと思います。したがって、とりあえずは、それぞれの市町村の置かれている状況によって、行政改革の目的には、いくつかのヴァリエーションがあるだろうと言うにとどめておきます。

なぜ「ガバナンスとＮＰＭのあいだ」か

さて、副題に「ガバナンスとＮＰＭのあいだ」とつけました。これらの言葉を初めて聞いたという方は、おそらくほとんどいらっしゃらないだろうとは思います。それぞれがどういうことかということは、おいおいと申し上げてまいりますが、ところが、「あいだ」と書いています。「あいだ」というのはいったいなんだという疑問を抱いた方が多かろうと思います。このガバナンスとＮＰＭを聞いたことがある、あるいは読んだことがあるという方は特にそうだと思います。

実は、これらについて書いているものを読みますと、両方一緒に書いてある、いわばごっちゃに書いているものが結構あるんですね。自治体の「ガバナンス改革」と自治体の「ＮＰＭ改革」とのあいだに線が引けてないのですね。ＮＰＭ（New Public Management）は、「新しい公共管理」と訳されますね。そして、新しい公共の管理を行うことが、ガバナンスの向上につながっていくんだというんですね。そのことによって自治体を改革していくんだというのですね。多くの雑誌や本にそのように書かれています。

私の疑問は、本当にそうなのか、ということなんです。異なる目的、あるいは、異なる概念をもった言葉を混同して使ってしまっているのではないだろうかということです。じゃあ、ガバナンスとはなんだ、New Public Management、新しい公共管理とはなんだという話は、後で詳しく述べることにしたいと思いますが、一応、ごく簡単に、非常におおざっぱに触れておきましょう。

まず、ガバナンスというのは、あるいはご承知のように、「共治」、すなわち、共に治めるという訳語が定着しつつあります。日経新聞などをお読みになる方は、「コーポレート・ガバナンス」を「企業統治」と書いていることをご覧になっていると思います。ですから、ガバナンスというのは「統治」ということじゃないのと思われるかもしれません。「統治」という言葉は、経済学者が使うのはともかく、われわれ政治学とか行政学を勉強しているものからしますと、「統治」は「ガバーン」（govern）や「ガバメント」（government）の訳語であり、「ガバナンス」にはそれらとは異なるニュアンスが込められていると考えてしまいます。「統治」がだめだから「ガバナンス」になったのではないかという疑問がたちどころにでてまいります。つまり、公共の担い手について、これを官の独占物とせず、広く住民や民間企業なども含めた複数の主体が担うという形に、組み替えることが企図されていると考えるわけですね。したがって、ガバナンスに「統治」という訳語を当てるのはよくないと思います。経営学の方でも、最近は「共治」という訳語を使うようになってきているようです。

これは、字を読めばすぐわかりますね。共に治めるですから、みんなで一緒に治めようということですね。「統治」は、統べて治める、つまり、全体をひとつにまとめて治めるということですから、共治とは違いますね。要するに、ガバナンスというのは、共治ということが中心になっています。最近はやりの別の言葉で言えば、コラボレーションでしょうか、協働とかいうものに近いと言ってよいでしょう。

一方、ニュー・パブリック・マネージメント、新しい公共管理についても、またあとで少し詳しくご説明いたしますが、簡単に言いますと、利益優先の市場経済、あるいは、民間企業の経営を、行政機関、公共機関にも導入すべきだということですね。では、民間の企業経営のメリットは何かといいますと、非常におおざっぱに言えば、今言いました利益優先ですね。つまり、コストに対してゲインが、費用に対して得られるものが多いということをめざすということです。したがって、そうした民間企業の決定というのは、トップダウンの特徴があるわけです。日本の企業の場合は、そうであったかどうかやや疑問ですが、最近では、いわゆるグローバル・スタンダードとか言われてですね、そうした傾向が強くなってきているようですね。NPMということが最初に意識され、この言葉が使われたのは、イギリスやニュージーランドでした。

これは一例ですが、ガバナンスは、共治、すなわち、みんなで一緒に決めましょうという話だったですね。一方、新しい公共管理は、トップダウンでやりましょうという話ですね。したがって、この二つは、実はずいぶん違うんじゃないのというのが、私の素朴な疑問なのです。ガバナンスの目的は、そのエッセンスを簡単に言えば「行政の民主化の推進」ですし、NPMの目的は「行政の能率性の向上」にあると整理できるわけです。そうであれば、これら二つの概念は大きく異なっていると思うのです。しかしながら、地方自治について書いている文献を見ますと、この両方を実現するのが行政改革の目的だとしているものが多いのですね。もちろん、これら二つの考え方が両立すればよいのですが、そうは簡単ではないのではないかということです。

たとえば、「国家公務員法」(昭和二〇年法律第一二〇号)には第一条第一項に「公務の民主的且つ能率的な運営」という文言が書いてあります。民主的というのは、非常に簡単に言ってしまえば、いろいろ議論しながら決めていきましょうということですね。したがって時間がかかりますよということですね。能率的というのは、これまた簡単に言えば、手早くどんどん決めてやっていきましょうということですね。この二つは、明らかに矛盾しているように見えますね。ところが、両方実現せよと法律には書いてあるんですね。要するに、両方をうまくバランスをとりながらやってくださいよということなんですね。そのとおりなのですが、民主性と能率性の同時追求は、決して容易なことではありませんね。

要するに、市町村行政改革のキーワードとしてよく使われる、「ガバナンス」という言葉と「ニュー・パブリック・マネジメント」という言葉を、これからは、よく整理をして、本当にめざすべき行政改革とはなんであるのか、どういう方向で行政改革を展開していくべきなのかということを考えた方がよいのではないか、というのが、この「あいだ」の主旨であります。

2　自治体のガバナンス　―その前提と考え方

ガバナンス論はどこから来たか

「ガバナンス」という概念が初めて問題になったのは、国際関係の場においてでした。似たような言葉に、「ガバメント（government）」つまり政府というものがあります。どちらも語源は同じです。「ガバーン（govern）」つまり治めるという言葉です。ガバメントというのではなくて、ガバナンスというのが出てきたのは国際関係の場ですと言いましたが、どうしてかというと、世界規模の政府というのがないからですね。国際社会には、「国際政府」つまり地球上の全部の地域をとりまとめる主権を持った政府というのはないわけです。政府は、国際社会の中では、各国毎にあるわけです。日本国政府、アメリカ合衆国政府、フランス共和国政府、連合王国政府、ドイツ連邦政府、実態としては難しいのですがパレスチナ政府といった具合にあるわけです。そして、それぞれが主権を持っていますよということになっています。それが近代国家と言われるものです。

ところが、それでは国際関係がうまくいく保証はないわけです。それぞれ独立した政府が、自分たちの利害を主張しても、それを権力的に調整する手段がないわけです。皆さんが、仮に隣家との敷地の境界線をめぐって争いになったときには、裁判所という国家の権力機構に訴え出て、それぞれの主張の正しさを証明すると思われる資料を出して、そのどれがもっともらしいかを裁判官が判定するわけです。そこでどちらかの主張が認められるわけです。認められなかった方は、あきらめるしかないですね。あきらめずに居座ると、今度は国家が権力的に排除するということも可能になります。こうした権力的調整手段を、政府つまりガバメントはもっているわけです。ところが、国際関係ではそうした装置は、もともとはありませんから、従来のガバメントを通じた統治というイメージが描けないわけです。これは国際社会、つまり全世界を一つの社会と捉えたときに、それに見合う規模のガバメントが存在しないからです。

しかしながら、全世界の秩序が何らかの形でそれなりに維持されるように、いわば「舵取り」をする必要も生まれてきます。そうでないと、世界中のあちらこちらで戦争が起こってしまうわけです。それでは困ったことになってしまうという認識が生まれてきたわけです。では、そうした「舵取り」による秩序維持をどうやって説明するのか、ということから出てきた概念が「ガバナンス」つまり共治ということなんですね。つまり、政府のないところで、いかにして全体の舵取りを行っていくかということから出てきた概念です。

「ガバメント」から「ガバナンス」へ

その後、一九七〇年代から八〇年代にかけまして、ガバメントがいろいろな形で不具合を起こしてくるわけですね。これは、日本に限りません。ヨーロッパの国々でも、ガバメントでいいのかという議論がなされるようになってきたわけです。ガバメントの場合は、政府が統治をするわけですが、その統治能力が低下してきたということが言われるようになります。統治能力は、ガバナビリティと言われておりましたので、「ガバナビリティの危機」などと言われていました。ご記憶の方もいらっしゃると思います。ガバメントによるものとは違う社会の舵取りの必要性が意識されるようになってくるわけです。

それらの考えに、ほぼ共通しますのは、大きく分けますと二つのものがあると考えてよいでしょう。一つは、中央政府が決定して、自治体がそれを実施するという、いわゆる中央集権の仕組みが機能しなくなるということです。さきほど引用した石橋湛山氏は、一九二四年に中央集権の仕組みが機能しないと言っていました。もちろん、その頃の時代とは状況が異なりますので、単純にようやくそれが意識されるようになったというわけではありません。

公共財とは

二番目は、公共性をめぐる論議に関連することです。公共経済学という分野があります。公共経済学では、政府の活動は、公共財を提供することにあるのだと考えます。政府の活動を経済学的視点から検討しようとするわけですね。レジュメには、「非排除性・非競合性論の限界」と書いています。言葉自体があまりなじみがないと思われますので、若干説明をいたします。

ある財やサービスを提供するためには、経費がかかります。通常は、それを利用するための費用を負担させることができます。お金を払わなければ使わせないということができるからです。お金を払わなければ利用できない財やサービスは「排除性」があると言えます。一方、ある種の財やサービスは、費用を負担しなくても利用可能になることがあります。費用負担をしないで利用する人たちのことを「フリー・ライダー」と言います。「ただ乗り」ですね。ただ乗りをする人がごくわずかであれば問題は生じないのですが、ただ乗りをする人が多くなると結局はその財やサービスを提供できなくなります。ただ乗りをする人たちを排除できない財やサービスは「排除性」がない、あるいは「非排除性」があるということになります。

「非排除性」を持つ財やサービスの典型的なものは、灯台の光です。灯台はご承知のように沖合を航行する船舶の安全を確保するために建設されるものです。灯台を造るにはお金がかかります。灯台を建設するお金を払った人は、もちろん灯台の光を利用して船舶の航行ができます。ところが、建設費用を支払っていない人もこの灯台の光を利用できるんですね。あなたは建設費を払っていないのだからこの光を使うなと言ったとします。そう言っても、相手は、だったら私から見えないようにしたらよいではないかと言い返すことができます。でも、これは光ですから、ある人には見えてある人には見えないようにするというのは、事実上不可能です。そうすると、多くの人が、建設費を負担しなくても負担しなくても利用できるんなら、わざわざお金を払う必要がないと判断することになります。こうした財やサービスは、市場では供給できない、つまり民間同士の通常の取引関係では提供者が現れないことになります。市場での取引関係が成り立たないわけです。

それでも灯台が必要だとなれば、人々から強制的に建設費用を徴収する必要があります。簡単に言えば、「税金」という形態にして強制徴収をするしかありません。こうした財やサービスの提供は、したがって、民間ではできないので、政府が税金を徴収して提供するしかないということになります。したがって、「非排除性」のある財やサービスは政府が提供するしかないというのが公共経済学の考え方です。

「非競合性」というのは、これも財やサービスの「競合性」ということを説明した方が早いので、そちらから説明しますと、一般に財やサービスの供給量は限られています。簡単に言えば、ある鉛筆を誰かが使っていれば、他の人は使えないわけですね。うちの役所には去年の予算や一昨年の予算で買った鉛筆がいっぱいあるから誰でも使えるよ、という人がいるかもしれませんが、そういう話ではありません。鉛筆でもそれを作っている人たちがいるわけです。この人たちが鉛筆の生産を止めたり、生産量を減らせば、鉛筆は貴重なものになってくるかもしれません。鉛筆を買う人が少なくなれば、そうした生産調整をすることになるでしょう。そうなると鉛筆は貴重なものになってきます。このようにある人が所有していたり使っていると、他の人が所有したり使うことのできない財やサービスの性質を「競合性」と言います。競合性があると、私がもっているのだからあなたには使わせてあげないとか、お金を払ったら使わせてあげると言うことができます。つまり、市場での取引が可能となります。民間での供給も可能になるというわけです。

ところが、そうした性質をもたないものがあります。典型的なものは、今われわれのすっている空気、正確に言えば酸素ですね。私がここでしゃべるためにいっぱい息を吸ったからといって皆さんが酸欠になるわけではありません。私がいくら息をいっぱい吸って空気を消費しても、皆さんの消費には影響を与えないわけです。このように財やサービスの需要が増えてもそれを供給するための総費用が変わらない性質をもった財やサービスは、「競合性」がない、あるいは「非競合性」をもっていると言います。こうした性質を持った財やサービスも市場の取引にはなじまないわけです。その辺の空気を袋に入れて「空気ありますよ」と売り歩いてもだれも買わないわけです。もちろん、「大雪山七合目の春の空気」とか別の付加価値をつければ別ですよ。その場合には空気を限定していますから、競合性が生まれてきますからね。

さて、このような場合でも、きれいな空気を維持しましょうということが政策課題になることがあります。この場合は、空気を汚すという行為が問題になります。空気は地球上に非常にたくさんあるため、多少汚しても、それらの汚染物質は拡散していまいます。多くの人々や自然環境に影響を与えることはほとんどないわけです。したがって、例えば自動車一台の排気ガスや工場一つの排煙は、直接それを浴びれば大変ですが、少し離れてしまえば、大きな影響はないと言えてしまうわけです。ところが、排出源が多数になるとそうした浄化作用が働かなくなります。それでも排出者は、私だけが悪いのではないと主張しかねません。自分のところだけ排出ガスをきれいにする作業を行えば、市場に供給する製品の価格を高くせざるを得ない。そうするとそうした作業をしていない競合他社の製品との価格競争力が低下するというわけですね。どの工場にも一斉にそうした浄化装置を設置するよう義務づけなければ公正な市場競争ができないというわけです。

こうした義務づけが究極的に可能なのは、強制的な規制権限を持つことのできる政府しかないということになります。つまり、きれいな空気の維持といった非競合性をもった財やサービスの提供は政府が行わざるをえないということになります。政府が強制的に各工場に浄化装置をつけさせる、あるいは、各工場からの排煙に含まれる汚染物質の限界量を定めて、それに違反していないかをモニターして、違反が発見された場合には厳しく取り締まることが求められるわけです。

河川の水、地下水、海洋の水、土壌などを汚染から守るといったことは、皆この類型になりますね。

政府活動の範囲は自動的に決まらない

このような議論は、もっともらしく聞こえます。政府の役割は、非排除性・非競合性をもった公共財を提供することであるというわけです。このように公共経済学の発想を純粋に借用すれば、政府が行うべき活動は、それが供給する財やサービスの「非排除性」、「非競合性」から自動的に決まってくるかのように見えますね。つまり、ある財やサービスが「非排除性」があったり、「非競合性」があったり、その両方があったりする場合には、市場ではその財やサービスの取引を行うことができない。したがって、それらは「公共財」であるということになります。公共財は、政府がそれを提供するしかないとなるわけです。さらにそこから論理を展開すると、政府の役割は、市場での取引が不可能だけれども必要な財やサービス、つまり公共財を提供することだということになるし、政府の役割はそこに限定すべきだという議論にもなってきます。そして、公共財の範囲は論理的に、自動的に定まってくるのだから、政府の役割も自動的に定まってくるということとになってきます。

ところで、本当にそうなのでしょうか。仮に自動的に決まるのであれば、非常に楽ですね。研究者が一所懸命研究し、これは公共財であるから政府の仕事だ、これは公共財ではないから政府の関わるべき事柄ではないと決められるということになります。こうなると議会も首長もほとんど必要なくなりますね。もちろん、現実には政府活動の内容は自動的には決まっていません。それは、研究が進んでいないから、ではないのです。

現実に政府がどのような活動を行っているかをご覧になればすぐわかります。民間でも提供できる財やサービスをわざわざ政府が提供しているケースがたくさんあります。そういうケースがあるというよりも、現在の日本のような先進国の政府の活動、したがって行政が提供しているサービスのほとんどは、今述べたような純粋な意味での公共財ではないのですね。特に市町村の場合はそうです。純粋な公共財というのは、国防、警察、外交、河川管理、道路管理などといったものですね。これらは、市町村役場ではほとんど関係しません。

一方、純粋な公共財ではないけれども市町村が供給しているものがあります。たとえば、公共輸送機関があります。民営のバス会社もあれば、公営のバス会社もあります。大都市圏に行けば、鉄道にしたって民営鉄道があります。教育機関にしても、公立の小中学校が圧倒的に多いのですが、私立の小中学校もありますし、高校になれば、私立の比率は高まるし、大学ともなると国立、公立、私立が入り乱れております。国立大学は独立行政法人化されますが。それから、病院もそうですね。私立の病院もたくさんありますが、国立病院、県立病院、市町村立病院もあります。

このように、現在の政府が提供している財やサービスは、ほとんどが自動的に決まる財やサービスではないのです。そこから、先ほどの公共経済学の発想にたてば、だから政府はよけいなことをやっているということになりそうです。民間でも供給できる財やサービスをどうして政府が提供しなければならないの、ということになりますね。

ところが、民間でも確かに供給可能だけれども、民間に任しておいただけでは、いろいろ問題が起こるという場合もあるわけです。まず、民間企業が活動を行うのは、利潤のあがる活動ですね。株式会社であれば、投資した株主に利潤を還元しなければなりません。配当率が悪いと株主は株を売ってしまいます、つまり逃げていきますから、会社の存続が危ぶまれることになります。したがって、儲かりそうな財やサービスの供給には熱心になるでしょう。

つまり、「政府だけでなく民間でも担えるもの」と「政府が民間に任せていいもの」は同質のものではありません。例えば、民間会社が鉄道を敷くとき、当然のことながら、儲けがありそうな地域にしか敷きません。とすれば、鉄道敷設を民間のみに任せておくと、儲けがあるところには敷設が進んで便利になりますが、儲けがないところではいつまで経っても敷設されることはなく、地域間に格差が生じます。その際、鉄道が敷設されない地域をそのまま放っておいていいのか、という問題が生じます。鉄道の引かれなかった地域の市民に、あなた鉄道に乗りたかったら、鉄道のある方に引っ越す自由もあるんだからそっちに引っ越せばいいでしょうと言えるかどうかですね。言うまでもなく、住民に便利な地域への転居を強制することなどできないので、この場合、政府が公共交通機関を整備して、不便な地域をある程度カバーしなければなりません。もちろん、これはあくまで一般論ですから、どこにでも鉄道を引いた方がよいというわけではないので誤解しないでくださいね。

同様の問題は、一定程度の水準の維持が求められる、福祉や教育といった分野にも想定されます。詳しい話はしませんが、たとえば、地域による病院の偏在というのは民間の供給に頼っているだけではどうしても生ずる問題です。学校教育もそうですね。

場合によっては供給側の問題と言うよりも、消費者側の問題で必要なのに消費してくれないというものもでてきます。国民年金というのは、政府がやっていますし、強制的に加入することになっているのに、それでもその制度には加入しないという人たちが増えてきていることが問題になってきていますね。もちろん、今の国民年金制度が万全だと言っているわけではないですよ。

しかし、政府が供給しているのに、消費者である国民がその消費を選択しないことさえあるわけです。だから拠出方式ではなく、税金で強制徴収した方がよいという議論さえあるわけです。

このように見てくると、政府がやるべきことというのは純粋公共財という観点から自動的に決まっているのではなさそうだということがわかります。もちろん、こうした点を公共経済学が無視しているわけではありません。純粋公共財ではないけれども、政府が供給することが望ましいと思われる財を、準公共財と呼んでいます。義務教育や年金などは、価値財と呼ばれることもあります。国民の一定の消費水準を維持するために政府が供給する必要があるというわけです。

「価値」という言葉が使われるとわかってくると思います。価値観の違いなどと言いますね。日本ではこういうことが価値のあることだけれども、彼の国ではそうではないとか、ある地域ではこういう価値が重視されるけれども、別の地域ではそうでもないということになります。つまり、政府の活動範囲は、純粋論理的に導き出されるのではなく、ある種の判断がそこに含まれているわけです。では、その判断は誰がするかということですね。そこが、まさに政治学や行政学の問題意識なわけです。

政府活動決定の主体

政府の活動は、そこに住んでいる人、その政府の活動によって影響を受ける人々が自分たちで決定していくというのが、民主主義の論理です。そこから、社会の舵取りをどうするかという問題が出てくるわけです。その舵取りを従来のように中央政府の優秀な官僚たちが決めていきますよ、ということが成立しなくなったわけです。この点は、一九二四年の段階で、すでに石橋湛山が言っているのは、最初に紹介したとおりです。

そこで、複数の関係者たちが、さまざまな形で相互に協力して、何が価値かを決めていきましょうということになるわけです。そこから社会の舵取りが行われるというのが必要だというわけです。レジュメには、「複数の主体の共存と相互の協力が必要となった」と書いておきました。

政府間の協力

では、どんな複数の主体があるのかということになります。その第一は、政府の構造からくる区別です。大きく言えば、国際的な政府間の調整ということもあげられますが、ここでは、国内の中央政府と地方政府に限定しておきましょう。日本の現行の地方制度では、中央政府／都道府県政府／市町村政府という三層制の形態をとっています。自動的には決まらない公共財を決定する主体は、中央政府の独占するところではないわけです。これが、昨今の地方分権の動きに連動していることは言うまでもありません。地方分権というのは、要するに住民にとって必要な政府活動、すなわち公共性を判断できるのは、中央政府だけではないということを示したものです。これについては、いまさら多くを語る必要はないでしょう。これらの三層の政府がそれぞれ協力し合う必要があるということです。

政治家と行政官の協調

二番目は、政治家と行政官です。ここで政治家というのは、非常におおざっぱに、われわれが選挙で代表者として選んだ人々ということにします。本来ならもう少し幅広くとらえなければならないのですが、話を単純にするために、選挙で選ばれた人々を政治家ということにしておきます。政治家を選ぶ選挙は定期的に行われ、それぞれの選挙で再度選ばれないと政治家を継続することができません。間接民主主義を前提にする以上、国民や住民から直接選挙で選ばれた政治家が議論して政府の活動内容を決定していくのが筋です。

行政官は、選挙で選ばれた人たちではなくて、一定の資格を持っていることを前提にして、試験などで役所に採用されていて、基本的に採用後は定年までその身分を保障される人々です。従来は、この政治家と行政官の関係は、行政官が優位だと言われてきました。もちろん、専門的には、何をもって行政官が優位だというかという点について議論があります。しかし、一般論としては、行政官優位だと見られていたと言ってよいでしょう。この点は、中央レベルでも、地方レベルでも違いがありません。官僚主導ということですね。

日本では、一九九〇年前後頃から、ようやく「公共性は官の独占物ではない」という認識が一般に流通し始め、「政治主導」という言葉が盛んに掲げられるようになってきました。それに伴って、いくつかの「政治改革」が行われてきました。その根底にあるのは、政府の運営や決定は、役人に任してはいけない、政治家が決めなくてはならないという考え方です。政府の決定は、政治主導によって行われなければならない、という考え方が流れています。

政治主導の中身は、必ずしも一通りではありません。族議員と言われる人たちが跋扈して、一部の利益集団の意向に沿った決定を行うのも、定義上は政治主導です。しかし、実際は、それは利益政治と言われ、改革の目標と言うよりは、むしろ改革しなければならないターゲットであったわけです。利益集団と族議員と担当官庁の官僚が深く結びついて、いわゆる「鉄の三角形」と呼ばれる状態を形成していることが、政策決定にゆがみを生じさせているのだというのが大方の見方ですね。その関係を壊すのが政治改革だというわけです。

もう一つの政治主導は、国会が物事を決めていく、憲法第四一条に書いているように国権の最高機関としての国会が主導するというものを指していることがあります。これは、もちろん議院内閣制を採用しているからそうなるのですね。地方議会にもそれを当てはめて、議会が地方政府の最高機関だとする見方もありますが、日本の地方政府は二元代表制を採用していますので、議院内閣制をとっている国の制度とは明らかに異なります。いずれにしても、国の場合で言えば、国権の最高機関である国会が主導するという政治主導の考え方があります。ところが、国会と行政機関とを対比してみますと、行政機関は縦割りだとかそういう議論はありますが、少なくとも一つの省はそれなりのまとまりをもっています。全体でも内閣に統合されていることになっています。ところが、国会は、それほど一枚岩ではありませんね。というか、国会内部は、さまざまな政党間の対立があるわけです。それぞれの党派は、国会内で論戦を戦わしているわけですね。片一方は、それなりに団結している、もう片方は、いろいろな価値観や判断に基づいてバラバラというときに、それを対峙させて果たしてバランスがとれるのかということですね。国会や議会はもちろん大事なのですが、それだけで政治主導というのは、かなり厳しいわけです。

次にくる政治主導は、国のレベルで言えば内閣ということになります。市町村レベルでは首長ということになるでしょう。内閣は衆議院で最大の議席を占める政党ないし連合して最大会派となった政党が構成するわけですから、また、市町村の首長は住民の直接選挙で最大得票をえた人がなっているわけですから、ここに大多数の国民・住民の声が反映されているということになるわけです。その内閣や首長が主導しますということになるわけです。現実的には、政治主導といった場合には、国のレベルでは内閣主導、地方レベルでは首長主導ということになります。内閣に属する大臣や首長は、三権分立の考え方では「行政」に属しますが、終身職の「行政官」からなる行政と区別する意味で「執政」と呼ばれます。いわば、このタイプの政治主導は、「執政主導」ということになります。

ところが、日本の場合は、政治家というのは、一般的には、どうもうさんくさい目で見られていますね。内閣主導といったって、国会で多数の議席を占めているといったって、それは必ずしも国民の多数の意思ではないかもしれないといった議論が出てきてしまうわけです。そう思うんなら、次の選挙でその政党の政治家を落選させてしまえばよいだけです。

あるいは、政治家というのは何か利権がらみで汚い連中だというイメージがあります。一方、役人つまり行政官の方は、収賄事件というのは時々話題になりますが、一応規制がなされていいます。それに、結構難しい試験に合格して役人になったんだから、まあそこそこ頭も良さそうだし、まかせておいても大丈夫なのではないか、と一般的には思われていますね。そこで、政治家や内閣がだめだと思う人は、たとえば、公平な扱いを求めてついつい官僚に頼ってしまうんですね。

市町村でもそうですね。ある首長が選ばれて、自分の公約を実現しようとします。ところが、その人を選んでいない人たちが、あの公約はおかしいということになって、役所に何とかしろと働きかけるということがないわけではありません。本当におかしいというならリコールしてしまえばよいわけです。就任一年以内では、住民からの請求はできませんが。ところが、それをしないで、あれはおかしいから何とかしろと役所を頼ってしまうことがあります。そうなると、これは政治主導にはならないのですね。

話を戻しますと、両者は対立関係にあるのではなく、国民の意思を代表する政治家と、様々な専門知識や過去のデータを蓄積しているはずの行政官とが相互に協力して政府を運営していくことが求められています。本当は、ここに裁判官も含めたいところですが、日本の場合だとそれを含めると話が複雑になりますので、今回はそれを抜かしておきます。

役所と住民の関係

三番目は、役所と住民の関係です。公共性を決めるのは役所ではないという、再三述べてきたことと関連します。これだけ世の中が移り変わるときに、四年に一度の選挙で選ばれた政治家に、選挙の後は「おまかせ」でよいのだということにはならないでしょう。あるいは、難しい問題は役所にまかせておけばよいということにならないでしょうということですね。そうではなくて、問題が生じたときに、その時々で住民がきちんと判断をするということが必要であるという議論ですね。政治家や行政官だけに政府の運営を任せておけるのか、住民が政府の運営に時宜を得た意見を述べる仕組みが必要なのではないか、という議論です。言い換えれば「住民参加」の議論ということになります。これには、住民投票といった議論も関わってきます。そのほかにも、役所以外の、NPOやNGOも公共性の判断や実現に関わる余地があるという議論があります。NPOやNGOと役所の間の連携ということも大きな論点です。

以上、三種類の視点から、複数の主体をあげました。これ以外にも、企業と役所の関係だとか、住民の中にひっくるめてしまうこともできますが、個人個人の住民とは異なる自治会や町内会や

ＰＴＡといった住民の団体と役所の関係などいろいろあげることができます。とりあえず重要そうなものを三種類あげたということです。

いずれにしても、このように様々な主体が、政治であれ、社会であれ、公共の舵取りに関わらざるをえなくなってきているのが現在の状況だということになります。それをうまく表現する言葉が、「ガバナンス」すなわち「共治」という言葉だということです。

複数主体共存の条件──情報水準

ただし、こうした複数の主体の共存関係が成り立つためには、いくつかの条件が必要です。皆が一堂に会して何かを決めればよいというほど単純ではありません。レジュメにも書いてありますように、それぞれの政策過程への参加者の情報水準は同じなのかということがあります。政治家と行政官でもそれぞれのもっている情報は、その量や質が少しずつ異なっているわけです。情報の性質の違いも含めて情報水準と言っておきます。それらが異なっているわけです。同じことは、住民と役所の間でも当然あるわけです。あるいは、住民と議員との間でも違いが出てきます。

ところが、情報水準が異なるままに議論を重ねても、それほど実りのある議論ができるわけではありません。一方は、自分のもっている情報ではかくかくしかじかだと言っても、別の側が、いやわれわれのもっている情報は、そのような方向を指してはいないということになって議論がかみ合わなくなる可能性があります。したがって、情報水準をそろえるということが必要になってきます。最近よくいわれている言葉で言えば「情報の共有」ということですね。これがないと、共存だとか協働だとか協力といっても、あまり実のある話にはならないだろうということです。主体によって保有情報の水準に格差があると、複数の主体が協力したところで、多角的かつ有意義な情勢分析は望めません。

複数主体共存の条件――情報処理能力

もう一つは、共有された情報をどう処理するかという問題ですね。情報の処理能力が違いますと、同じ情報をもっていても、その情報から導き出される結論が異なってくるわけです。簡単なたとえをいいますと、将棋や囲碁といったゲームを考えるとすぐわかると思います。強い人と弱い人が対戦している場面を想像してみてください。盤面から得られる情報は同じです。日本の将棋では、相手からとった駒を自分の駒として使うことができますが、相手が自分からとった駒も、自分があいてからとった駒もちゃんと駒台にのっていますからわかります。ところが、情報処理能力に差があるので、強い人はどんどん自分に有利なように指していくわけですね。ところが、弱い人は間違った手を指す、自分に不利になってしまうような手を指してしまったりするわけですね。

これからもわかるように、情報処理能力の水準もある程度合わせておかないと、決定が違うものになってしまうことがあるということです。この水準の合わせ方は今後の課題です。

いずれにせよ、この二つの水準、つまり所有情報の量と質、それと情報処理能力が、関係する各主体において、完全にイコールになることはあり得ないにしても、少なくともほぼイコールになったときに初めてガバナンスが機能し始めると言ってよいと思います。

インクリメンタリズムやゴミ箱モデルとの関係

以上のように、ガバナンスとは、「立場を異にする多くの人たちが集まり、議論し、公共に関する決め事をしていくことである」というイメージが、皆さんの中にもできあがってきたことと思います。これは政策の形成に関係する概念です。

ところで、政策決定論や政策形成論を振り返ってみますと、ガバナンス論に似た考え方を見出すことができます。今日は長い時間を与えられていますので、それについても少し触れてみたいと思います。一つは「インクリメンタリズム」、もう一つは「ゴミ箱モデル」です。

(1) インクリメンタリズム（漸変主義、増分主義）

「漸変主義」、「増分主義」などと訳される「インクリメンタリズム」は、C・E・リンドブロム（Charles E. Lindblom）が一九六〇年代に提唱した政策決定についての理論で、「多元的な集団利益を代表する人々の、さまざまな価値基準にもとづく選択行動が、相互に調節された結果として、政策が形成される」ということを基本として展開される政策形成論です。この理論の基本的な前提は、人間には能力の制約があるので純粋に合理的な政策決定は行いえないということです。そして、現実の政策形成は、過去の決定の積み重ねとして現在行われていることを選択の基準としながら、必要ならば現状とわずかに異なる選択を行う、できるだけ現状から大きく離れない選択を行うということを明らかにしました。

なぜ合理的な政策決定は不可能かと言えば、もちろん人間が全知全能ではないということがあります。それだけでなく、実は、合理的な判断をするためには、何らかの価値や目的が前提とならなければなりません。一見合理的な判断に基づいて下された決定のように見えても、その決定内容は、決定の前提となっている価値や目的が異なれば、合理的ではなくなります。

例えば、この土曜講座の会場である北海学園大学からＪＲ札幌駅に向かう場合、その手段としては、自家用車、タクシー、地下鉄、自転車、徒歩などの複数の手段が想定されます。この中で何が最も合理的な手段になるかは、その人が置かれている条件によって変動します。多少金銭に余裕のある人であれば、何分か駅で待たされる可能性のある地下鉄ではなくて、運転手付きの自家用車で行くのが最も合理的かもしれません。バイト代が振り込まれる直前でお金がないけれど体力はあるという学生さんにとっては、徒歩か自転車で行くのが最も合理的かもしれません。

仮にそういう前提を抜きにして、本気になって真に合理的な判断を行おうとすれば、それぞれの手段を選んだ際に経過する時間、それぞれの費用、それぞれの選択肢の効果など、関係するあらゆるファクターを調べ尽くした上で決定がなされなければならないということになるはずです。しかし、これは無理です。タクシーに乗った場合や自家用車を使った場合の交通事故が起こる可能性、渋滞によって遅延する確率、地下鉄を使った場合に何らかの理由で運休になったり、遅延したりする確率をすべて計算していく必要があります。実際は、こうした情報を使って判断をしているわけではありません。われわれは過去の習慣をもとにして選択していることが多いのです。

例えば、「これまでずっと地下鉄だったので、今日も地下鉄で行こう」とか「運転手付きの車があるんだからわざわざ地下鉄を使うこともないな」と考えるのが普通です。

この考え方は政府の予算編成の方式を観察したことから導き出された理論です。予算編成は、全くゼロベースから行われることはありません。前年度予算を前提に、それを修正する場合でも、修正はわずかな部分にとどまります。全部組み替えていたら手間がかかって仕方がないわけですから、予算編成の仕方としてみれば、この前例踏襲を基本とするやり方は、存外合理的です。いままでは、経済は発展する、経済成長があれば税収も増える、その増えた税収をどこに使おうかと考えていたので、こうしたインクリメンタルな考え方というのは悪くなかったわけです。

皆さんが、たとえばそれぞれの自治体の少子化対策に関わる政策を考える場合を想定してみてください。まず、全部の手段なんか考えませんね。いままで保育所の充実というようなことをやってきたけど、まだ少し足りないね、ということになって保育所を何カ所か増設しようとすることになるわけです。このように過去に行ってきた手段を第一に考え、それを少し応用しようとします。また、今までとは全く異なる問題に直面したときはどうなるかといいますと、似たような政策の似たようなやり方を踏襲することになります。このようにして政策形成がなされるということを理論化したのが、インクリメンタリズムです。

これだけ見ますと、役所の決定は、合理的ではないということになります。だから合理的なものにせよという主張も導き出されそうです。しかし、リンドブロムの議論の真骨頂は、そこにはないのです。リンドブロムは、政策形成プロセスにおける合理性の欠落状態を、逆に民主的であると評価します。なぜかといいますと、いろいろな人が関わる中で何かを変えていくには、多くの人になるべく不利益をもたらさないようにする必要がある。そのためには、少しずつ変えていくことの方が合理的ではないかというわけです。つまり、真に合理的な判断などなく、世の中を一気に良い方向へ変えることなど不可能であるという前提に立てば、様々な立場の人が広く関わりを持つことで、なるべく多くの人に不利益をもたらさないように、従来の通例、慣例を応用し、現状に合わせて細かに調節していくのが妥当であるということです。そういう意味で「多元的利害関係者の相互調節」という概念を提示しています。「調整」の間違いではないかと思われる方がいらっしゃるかもしれませんが、間違いではありません。調整というのは、ある価値観を前提にして、その価値の実現に向かって物事をうまく整えていくことですね。リンドブロムは、そういった価値観の一致があるわけではないところで、どうするかということだというのです。その場合は、現実を少し変えるだけの決定がなされるのだというわけです。

しかしながら、この考え方は一方で、野放図な前例踏襲のいいわけともなりかねない要素を含んでいます。また、ある程度大きな状況の変化には対応できないことになります。けれども、一元的な価値観の存在を前提とせず、多くの関係者による相互関係の中から成案を導きだそうという点では、ガバナンスの考え方と似ています。

(2) ゴミ箱モデル

「ゴミ箱モデル」は、経営学者のJ・G・マーチ（James G. March）が一九六〇年代に提唱した、組織体の意思決定モデルで、「組織の意思決定は、合理的に整理されたプロセスによって展開されるものではなく、問題点と解決策が無秩序に混在している状態の中からいくつかの偶然が重なって選択がなされる」というものです。あたかも分別さえされていない“ゴミ箱”に問題点と解決策がごちゃごちゃに入っている中から、たまたま取り上げたものが選択されるというイメージから、「ゴミ箱モデル」と名付けられています。

マーチの議論の出発点は、従来の意思決定論では、政策決定過程への参加者は皆、自分の希望を明確に把握し、その実現に向けた意欲をしっかりと持っているとされていた、あるいはそれを疑っていなかったことへの疑問です。本当はそうではないのではないかというのですね。政策決定に参加している人たちは、自分は本当は何を望んでいるのかとか、どういう状態になれば自分が満足するのか、ということがよくわからないままに、決定の場に参加している可能性があるというわけです。

ここで、前提としているのは、リーダーがいて、そのリーダーが中心になって何かを決めるというタイプの意思決定ではないですね。会議を開いて論点を出し合いながら決定をしていくというタイプの意思決定です。役所の場合もトップダウンということもあると思いますが、何人かのメンバーが議論しながら決めていくということもあるわけですね。そういうときのことを想定してください。

参加者は、決定しなければならない事項について、情報や知識もそれほど持ち合わせていないことがあるわけです。彼らはむしろ、会議の中で、他の人の意見を聞きながら、自分の考えや、ある選択をすることによって生じる事態について明確な見通しが徐々にイメージされてくるのではないでしょうか。場合によっては最後までわからない人もいるかもしれません。もちろん、知識や情報をもっているといっても、これも不確かなこともあります。

もっとおもしろいことも指摘しています。同じ議題について議論されるときでも、何回か繰り返されるうちに、参加者の顔ぶれや熱意に差が生じることもあります。熱心な反対者がたまたま欠席したために決まった、ということもあり得るわけです。同じ参加者でも、寝不足や体調不良で議論されている問題に集中できないということもあれば、非常に熱心に自説を展開するときもあるわけです。

つまり、会議を開いて何かを決めるという場合には、合理的な議論がなされているわけではないということになります。つまり、決定される政策の有り様は流動的になります。

これをやや抽象的に整理しますと、①「選択機会」、②「参加者」、③「問題」、④「解」の四つの流れが想定できるわけです。この四つの現れ方というのは、いろいろな可能性があるというわけです。これら四つが、それぞれの属性よりも現れるタイミングによって結び付いて一時的な意思決定の秩序を生み出し、その中で組織の意思決定は為されると考えたのです。

「選択機会」をゴミ箱にたとえています。「問題」と「解」が分別されずにゴミ箱に放り込まれたゴミにそれぞれ喩えられています。これは、もちろん分別されていません。「参加者」は、適当にゴミ箱に手を突っ込んで、拾い上げたものがその時々の決定になるというモデルです。そんないい加減なと思われるかもしれませんが、実際はそのようにして決まるケースもあるということです。

この状態をマーチらは「組織化された無秩序」と称しています。これは一見矛盾したことを言っています。「組織化された」というのは「きちんとやります」ということですね。「無秩序」というのは、バラバラということですね。無秩序を組織化するというのはどういうことなんだろうかと疑問をお持ちになると思います。これは、場合場合によって異なるということですね。場合によっては、知識や情報が参加者によって共有されていて、参加者もいつも同じメンバーできちんと集まっている、そして集まった人たちがいつも同じような熱意で議論をしているという場合には、「組織化された」という部分が重視されるわけです。その反対の時には、「無秩序」の部分がより強く現れるわけです。

そういったように、決定の状況だとかタイミングの重要性を強調した意思決定理論が「ゴミ箱モデル」と言われるものです。「ゴミ箱モデル」では、①組織における一時的秩序、②各要素の偶然的結合、③同時に関係している選択機会、④コンテクスト・タイミングの重要性、といったことが強調されます。ガバナンス論で多くの利害関係者が決定に参加するという場合に、このような理論は当てはまらないのだろうかということです。

ガバナンスについて論じるとき、これら過去の類似した議論との関係が問われてくると思うのですが、まだこれについては議論が進んでいません。これらの理論とガバナンス論との関係については、今後の課題になるかと思います。

3　NPM議論の危うさ

そもそもどういう概念だったか

さて、ガバナンスの話は、これくらいにしまして、次に、流行の「NPM」、新しい公共管理の方に移りたいと思います。この章の表題にすでに「危うさ」と書いてありますから、NPMに対して、あまりよいイメージを持っていないのだなとお感じになった方もいらっしゃると思います。

よく思っているとか、悪く思っているとかそういう問題ではなくて、怪しいのではないかというのが、本音のところです。

最近の流行とも言える、この「NPM」という概念が、日本で今日どのように理解されているか把握するために、まず、最近学習院大学に移られました村松岐夫先生による二つの著作から、その定義を引用したいと思います。おそらくは、レジュメでは先に書いております論文の方のNPM理解が一般的に流通しているものだと思われます。

まず「『旧来型行政システム』の改革――『最終報告』と地方分権化『諸勧告』」（『京都大学法学部百周年記念論文集（第一巻）』所収、有斐閣、一九九九年）では、「行政の不要部分を廃止したり、民間に移し、なお残る公共の中に市場的誘因システムを導入しようとする改革である」と書かれています。第一原則は、行政の不要部分を廃止し、民間に移すというわけです。なお、残る部分についても市場的なやり方を導入するというわけです。これが第二原則ですね。

その後に出版されました『行政学教科書〔第2版〕』（有斐閣、二〇〇一年）では、少々ニュアンスが変わっております。「NPMが何であるかを一言でいうのは難しい」としています。その上で、次の三点ほどのことがはっきりしていると述べておられます。

一つは、先ほどの論文に出ていたことと同じです。市場をできるだけ大切にするという思想を主張していることだと言います。従って、市場の原則が国家の介入によって侵されないことを確保しようとするというわけです。ここから導き出される最も単純な政策目標は、規制緩和ということになります。市場のことは市場にまかせておけということになります。

それから、二番目は、市場的な要素、あるいは、民間企業の経営のようなものを行政のシステムに反映させようというものです。これが、一般に行政に関係する人たちがNPM改革というときに考えるものです。村松先生の教科書によりますと、しかし、その具体的な技術となるとまだ開発途上にあり、これからの課題である、と書かれております。

三番目は、前の二つとは、かなりイメージが異なります。「現代行政におけるモニタリングの重要性を指摘している」というのですね。モニタリングというのは、要するに見直しといったようなことですね。監視というとやや強すぎるかもしれませんが、まあ、外から見ているということですね。その見方をしっかりとするための方策ですね。モニタリングの効用を高めるために、透明性や参加の確保、評価手続の導入などが主張されるのがNPMだというのです。

概念の拡散、ガバナンスとの交差

皆さん方たちどころにおわかりのように、この三つはほとんど全然違うことを言っていますね。それでは、NPMはいったい何なんだということになりますね。これは、レジュメには書いていませんが、今NPMといえば、最も引用されることの多い論者に、新潟大学経済学部教授の大住壮四郎さんがいらっしゃいます。大住さんは、『NPMによる行政革命』（日本評論社、二〇〇二年）の中で、海外の論者の考え方を紹介しながら、最新のNPMに関する分析を整理しています。その主なものを大住氏の整理に従って見てみましょう。

まず、C・ポリット（Christopher Pollit）氏の議論では、最近のNPMのモデルには二つの流れが混在しているとされ、それらの明確な区別を求めています。一つは、先ほど村松氏の論文にありましたような、市場の価値を行政に持ち込むNPMです。これはイギリスやニュージーランドの行政改革をモデルとするアングロ・サクソン型NPMを指します。もともとNPMというのが始まったとされるのは、これらの国々です。

もう一つは、最近になって、北欧（スウェーデン、ノルウェー、デンマーク、フィンランドなど）型の行政改革モデルもNPMと称されるようになってきているというのです。こちらの方は、公共部門のマネジメント改革における市場メカニズムの活用は限定的なものであり、それよりはむしろ「業績」だとか「成果」を重視するというわけです。

そのほかに、F・ナッシュホルド（Frieder Naschold）氏の議論を紹介しています。この人は、NPMを三つのトレンドで理解していると言います。一つは、「契約モデル」というものです。これは、「業績」とか「成果」によって統治するというモデルです。早い話が、住民と約束をする、最近はやりのマニフェストといったものもこれに入るでしょう。約束をしてそれを実現するというモデルです。政府と国民・住民との関係を契約関係と見るモデルです。二番目は、「顧客選択モデル」です。これは、市場で消費者が商品を選ぶように、行政の仕事を消費者として、税金を支払う人が選んでいくというタイプのモデルです。ここまでは、よくいわれるNPMの見方に包含されていると思われます。ところが、三番目は、「市民主導型モデル」だと言うのです。NPMは、市民社会による統治だというのです。

ナッシュホルド氏の提起する枠組みに引き付けて言えば、①および②はアングロ・サクソン型NPMとして理解できます。大住さんによれば、イギリスやニュージーランドのいわゆるアングロ・サクソン型のNPMは、市場の価値を行政に入れ込むということはあるのですが、そもそも「市民参加」とか「行政と住民のパートナーシップ」といった発想が存在しないというのです。そのとおりだろうと思います。これは、イギリスやアメリカのようなアングロ・サクソン系の国家では、政治とか政策というのは、選挙で決まるのですね。行政の目的、政策の内容は、政党が示すヴィジョンを国民・住民が選挙で選択することを通じて、先に決められてしまうのです。したがって、このような国々では、行政は能率性、効率性だけを考えていればよいということになります。なぜかというと、目標は、政治主導ですでに決まっています。それを前提にしていますので、行政が考えなければならない課題は、いかにその目標を達成するにあたって効率的に行政を運営するか、という点に収斂されていきます。やや図式的すぎますが、わかりやすく言えばそういうことになります。こういった考え方を、イギリス議会の所在するところから名付けて「ウェストミンスター・モデル」と言います。ところが、それがどうも維持できなくなったところに政策ネットワーク論とかガバナンス論という考え方が出てきたとも言えます。

ところが、村松先生が挙げたＮＰＭの第三の特徴や、ナッシュホルド氏の整理した「市民主導型モデル」のような観点は、あきらかにそれとは異なります。大住さんも指摘しておられますが、ビジョンや戦略目標の設定というものを、政治主導で行えない国があるというのですね。日本はそうなのですが、北欧諸国もそうだという意識があるのですね。こうした国では、政治主導で目標設定ができないので、別ルートでビジョンや戦略目標を設定しなければならなくなります。それを行うのが、村松先生のあげた三番目のモデル、あるいは、ナッシュホルド氏があげた市民社会による統治というモデルだというわけです。

ただ、ここまでNPMの概念を拡大してしまうと、NPMというのは何かというのがわからなくなってしまいます。わかることは一つあります。どうも最近の新しい公共管理のトレンドのことを言っているらしいということですね。やや極端に言えば、最近行われるあらゆる行政改革はみんなNPMだということになってしまうかもしれません。NPMの概念をこのように拡散させてしまうと、ではNPMに基づいた行政改革とは何だということになりますね。これは、トートロジーになってしまいます。これは、やっぱり無理があります。

そこで、私は、やっぱりNPMというのは、先祖返りになるかもしれませんが、ニュージーランドやイギリスで始まったような、あるいは、村松先生の最初に引用した論文に書かれていたような、市場価値を行政の仕組みの中に取り入れようとする改革なのだと割り切った方がよいのではないかと思います。実際のNPM議論はそのように割り切られておりません。

「NPM理論」は存在しない？

こうした意味の拡散傾向なども踏まえてあらためて考えると、NPMには核となる一連の観念を欠いているということになるかもしれません。イギリスの著名な行政学者C・フッド

（Christopher Hood）氏の言葉を借りれば、「一時的熱病か流行病であるような印象を与える」（C. Hood,"Contemporary Public Management: A New Global Paradigm," Public Policy and Administration, Vol.10, pp.104-117. 1995.）ということになります。

大阪市立大学教授の稲継裕昭氏は、村松先生との編著になっております『包括的地方自治ガバナンス改革』（東洋経済新報社、二〇〇三年）の中に収録されている「ＮＰＭと日本への浸透」という論文の中で、日本では「ＮＰＭ理論」という言葉が広まっているが、ＮＰＭ自体を理論とする考え方は日本独特のものであり、一部の論者によるミスリードである、と指摘しています。『広辞苑』で「理論」の項目を引くと、①「個々の事実や認識を統一的に説明することのできる普遍性を持つ体系的知識」、②「実践を無視した純粋な知識」、③「ある問題についての特定の学者の見解、学説」という三つの意味が掲載されているけれども、ＮＰＭはこのうちのどれにも当てはまらないし、そもそも諸外国の関連文献に「ＮＰＭ理論」に該当するような言葉はほとんど出てこない、と指摘しています。

フッド氏や稲継氏などＮＰＭに詳しい先生方もＮＰＭ理論というのはないと指摘しておられるわけですね。ＮＰＭには核となる一連の観念、確固たる理論は存在しないということになるようです。したがって、「ＮＰＭによる行政改革」については、やや古い考え方を重視し「市場的価値を入れ込んだ行政改革を目指すこと」として理解する以外なさそうです。

日本はもともとＮＰＭ国家？

さて、では、市場的な価値とか市場のシステムを行政に導入するというのはどういうことかということを考えてみたいと思います。「民営化」、「民間委託」、「エージェンシー」といった言葉は、いずれも今日のＮＰＭ改革論、すなわち、「市場的価値を入れ込んだ行政改革」のキーワードになっています。行政は、どんどん民間に任していくべきだ、民営化すべきだというわけです。行政がやるにしても民間に委託すべきだ、あるいは、イギリスのエージェンシーを日本でも導入すべきだという議論がございます。これらは、外国で行われているから日本にも導入しようと言っているように見えます。ところが、私の疑問は、こういったことは日本では昔からやっていませんでしたか、というものです。

例えば、レジュメに、税金の徴収問題をあげておきました。多くの国では、普通税金を納める時に、自分で自分の所得と税額を計算します。あるいは、税理士に頼んで計算してもらいます。そして、税務署に行って、去年これだけの収入、所得がありました、ついては、税額はこれこれになるので、それを納めます、ということになるのですね。日本ではどうでしょうか。ここにいらっしゃる方の多くは給与所得者ですね。自分で税務署に行って税額を申告した方はほとんどいらっしゃらないでしょう。だれが、皆さんの税額を計算していますか。従業員の税額計算から税金の徴収まで、民間会社などの事業所が計算してやってくれているわけです。国税当局、地方税当局に代わって、従業員の納税額を確定し、会社自体が納税義務者として税金を代理徴収しているシステムです。源泉徴収までは行っている国はありますが、最終的な税額の確定から調整まで民間にやらせている国は私の知る限りないです。最近よくコスト削減にがんばっている民間会社が、税務署の肩代わりをして、会社の給料を払って税額を計算させられているのに、よく文句を言わないものだと思います。もちろん法律上、会社が納税義務者になっていることは知っていて言っているのですよ。この場合、委託費用が行政から民間会社へ支払われることもありません。税金の徴収というもっとも行政的な活動、公共経済学からみれば、純粋公共財に関わる活動ですね、これを民間に委託しているわけですね。日本の場合は。ただで民間に委託しているのですね。これは、まさにNPMですね。最大の民間委託ですね。

そのほか、レジュメにいくつか例を挙げておきました。許認可行政というのがあります。これも役所の権力行政ですね。もっとも役所らしい仕事です。純粋公共財に関連するものです。日本では許認可権限は一万件以上あると言われます。ほとんどの人が、これは役所の仕事だと思っているはずです。ところが、そのうち役所が直接執行しないものが数多く見受けられます。もちろん役所が直接執行しているものもあるのですが、役所以外にまかせているケースも多いのです。どんなところにまかせているか、つまり委託しているかというと、特殊法人ですね。もっとすごいのは、財団法人とか社団法人といったいわゆる公益法人に委託していますね。こういったことは、千葉大学の新藤宗幸先生の教科書『講座　現代日本の行政』（東京大学出版会、二〇〇一年）に書かれています。それとは少し違う例を挙げると、たとえば、「農林物資の規格化及び品質表示の適正化に関する法律」いわゆるＪＡＳ法の第一六条に基づき、社団法人全日本削節工業協会に、削り節の格付け事務を委託している行為があります。また、「遊漁船等の適正化に関する法律」（昭和63年法律第99号）第七条に基づき、社団法人全国遊漁船業協会に対し、遊漁船への「マル適」マークの発行を委託している行為は、「民間活動の規制取り締まり」という重要な行政行為を民間に委託している好例です。それほど重要ではない規制なのだからということなのでしょうが、それなら規制自体を止めればよいのですが、止めないで「民間委託」をしているわけです。これは今に始まったことではないのですよ。最近のように行政がいろいろやりすぎているから民間委託をしなければいけない、だから委託しましたというわけでもないのです。もちろん、本当は、天下り機関を作るためなのですが、そこのところを無視して、現象面だけを観察すると民間委託です。

役所が行う調査研究なども同様ですね。トンネルや橋梁の設計・施工などは、技術が必要です。こうした技術開発を国土交通省が自ら行うのではなく、財団法人日本高速道路技術センターとかそういったところに委託しているわけです。

「エージェンシー」という概念は、イギリス型のＮＰＭを特徴付けるキーワードです。では、イギリス人が「エージェンシー」概念の着想を得たのは、どこかというと、実は日本の特殊法人なんですね。あの方式はなかなかよいのでイギリスでもやろうとなったらしいですね。重要な決定は役所がやって、執行は特殊法人にやらせています。ＮＰＭというかけ声で、日本にエージェンシーを輸入するというのもなんか変ですね。オリジナルは日本にあるわけですから、それは新概念の導入ではなく、むしろ逆輸入ということになりそうです。

このように、日本の場合は、イギリスなどで言われている民営化というようなＮＰＭは、意外と新しくないのです。いわば、官民が一体となって、行政運営を行ってきたのが日本なのです。ＮＰＭというのは一見新しいのですが、そうでもないのではないかというのが私の見方です。

ガバナンスとＮＰＭの混同

それから、先ほど説明しましたようにＮＰＭにはいろいろな考え方があるのですが、村松先生の三番目の考え方を採用しますと、ガバナンスとそれほど違いがなくなってしまいます。そこで、ガバナンスとＮＰＭが混同されるのではないかと思われます。ここに、イギリスで出版された The New Public Management of British Local Governance(Edited by Gerry Stoker,Macmillan Press,1999) という本をもってきました。イギリスの本でもこのように、ガバナンスとＮＰＭが混じって使われている例があります。これは、イギリスの有名な地方自治の研究者であるＧ・ストーカー（Gerry Stoker）氏の編集した本です。これに、これもガバナンス研究で有名なＲ・Ａ・Ｗ・ローズ（R.A.W. Rhodes）氏が、序文を書いています。この中でローズ氏は、私のガバナンスについての考えは、ストーカー氏とは違うと書いてあるんですね。

いわゆる横のものを縦にもってくるにしても、当の発祥地でそもそもがたがたしている。ががたしているというのは、ちょっと表現が乱暴かもしれませんが。そんなに概念が明確に定まっているわけではないということを踏まえておきたいと思います。

4　市町村行政改革の方向性　―改革の留意点

改革にあたっての留意点

さて、「ガバナンス」および「ＮＰＭ」について以上のように整理した上で、あらためて市町村行政改革のあり方について考えてみると、当たり前のことですが、理論らしきものに惑わされないことが大事です。改革の目的を明確にし、手段と目的を取り違えないことが大事です。ガバナンスやＮＰＭは、あくまでも改革の目安になる手段であり、それらの理論の構築や検証が市町村行政改革の目的ではありません。

現在は、役所は、比較的大きな改革に迫られています。何もしないということはできません。重要なのは、行政改革が必要だとただいうだけではなく、なぜ変えるのかという改革のそもそもの動機や、改革後に達成しようとするヴィジョンを明確にし、改革を成し遂げるまで、それらを維持し続けることです。

改革の方向性

今までお話ししたことからおわかりのように、とにかく削減するというのが、ＮＰＭ型の行政改革です。極端に言えば、とにかく役所を小さくすればよいのだというのがＮＰＭ型の行政改革です。削減が一つの目的になるわけです。それに対して、削減だけをターゲットにすることは悪いことだとばかりは言い難いところがあります。

もう一つは、ガバナンス型の行政改革です。行政の活動をさまざまな住民の意向に合わせていくという改革です。この二つの改革の方向性は、一致することもあります。住民の意向が、役所はともかく仕事を削減すべきだ、役人もとにかく減らすべきだということであれば一致しますね。しかし、この二つの改革の方向性が一致しないこともあります。そんなときは、どちらを中心に据えるかということをよく考えなければなりません。いずれにしても、変えるときには、あちらが悪いここが悪いと一所懸命考えて、だからこういう風にしなければならないとなると思います。ところが、時間がたつにつれてそうした議論は忘れがちですね。最初に改革の動機となった思いというのはだんだん小さくなっていきがちです。最初の意気込みを忘れますと、改革の方向がずれていきます。何のために変えようとしたのかを忘れてはいけません。

レジュメに、アメリカの行政学者B・G・ピータース（B. Guy Peters）氏が提示した四つの行政改革のパターンを載せておきました。彼は、世界各国の行政改革のパターンを研究してそれらを以下の四つにまとめています。一つは、「市場原理モデル」でやっていこうというものです。行政活動に市場原理を持ち込むというものです。二番目は、「参加志向モデル」です。これは、いわゆる市民参加と言うよりも役所の機構・組織の中でトップが決めるのではなくて、下部組織への権限移譲することを重視するものです。三番目に、「柔構造モデル」です。これは、行政の運営に臨時・非常勤職員の雇用するなど、雇用形態に柔軟性を持たせるものです。これは、日本ではやっていますね。四番目は「規制緩和モデル」です。規制の撤廃、規制緩和を重視する行政改革です。

こういった四つのタイプの行政改革があるというわけです。ただし、そのどれかを単独で追求するという事例は、多くはないのです。多くは、混合型です。それでも、どの項目を重視するのかで、行政改革の行き着く先は違ってくるということになろうかと思います。

いずれにせよ、難しいのは初心の貫徹です。行政改革を行おうとする当初にはみなぎっている変革の意欲も、時間の経過とともに薄れていく場合が多いと思います。当初の意気込みの持続こそ、改革を成功させる第一の条件であると思います。

5　市町村行政改革の制約と方向性　―成功への提言

市町村行政の制約要因

さて、そろそろまとめに入っていきたいと思います。現状の行政のあり方を変革し、地域と住民のためになる改革を行おうと思っても、市町村行政には様々な制約要因がからみついています。それは以下の四点に整理されます。これは、日本の市町村行政を前提にしております。

一つは、権限の制約です。市町村が国の法令によって義務づけられている事務は、金額ベースで言うと全事務の七割にも達するとされています。これは、総務省が公式に表明している数字です。ということは、早い話が「三割自治」ですね。この論理で、地方交付税改革というか、交付税削減を唱える財務省やその他の府省に、総務省は対抗しているわけです。法令で義務づけられた仕事、つまりは、各中央府省の権限を減らさない限り、地方交付税を減らすことはできませんというわけですね。ことの善し悪しはともかくとして、現にそのような権限の制約があるということです。住民のために仕事をしたいと思っても、七割は国が一定の基準を決めている仕事をしているということです。

二つ目は、財源の制約です。自治体の税源も、基本の部分、基幹的部分は、国の法令によって一律に標準が規定されています。地方税法などの法律で縛られているわけです。現行の法制度では、地方交付税の交付を受けている自治体が自助努力で地方税の収入を増やすと、地方交付税が減らされる構造にあるので、交付税依存体質からの脱却が難しい状況にあります。現在交付税の交付を受けている自治体は、自治体全体の約九割です。

三つ目は、人材の制約です。理由は様々でしょうが、概して人材は都市部に集中し、地方は人材不足に陥りがちです。最近問題になった、国立大学医学部の地方への医師派遣問題がありますね。医者が地方に行きたがらないというわけです。仕事がないわけではないし、もらえる給料は、医者が余り気味な都市部からみればとんでもない金額なのに、医者はいかないわけです。こういった人材の制約がありますね。

四つ目は、情報の制約です。昨今のインターネット等の普及により格差は少なくなってきています。それでも、フェイス・トゥ・フェイス、人と人とが実際に接触して行う情報交換が必要な場面がなくなるわけではありません。それはしにくいわけです。

こうした制約要因がある中で、それらを超えて、市町村行政改革は進められなければなりません。

市町村行政改革への五つの提言

最後に、ここで市町村行政改革への提言を、以下に五点ほど挙げたいと思います。

まず第一点目は、「行政改革は行政の目的ではない」ということです。これは当たり前のことです。ところがうっかりすると、行政改革自体が役所の目的であるかのようにとらえてしまう可能性があるのですね。役所の職員はまじめですから、行政改革という課題を与えられると、ともかく改革を行おうとするわけです。ところが、ここでも手段が目的に転化することがあるわけです。これは、往々にして陥りやすい誤解です。

二点目は、「行政改革は住民を含む関係者との意識の共有である」ということです。行政だけが改革にがんばってみたり、住民だけが役所は無駄が多いと叫んでみても改革は進まないでしょう。関係する全ての人たちが、ではどういう行政の姿が望ましいのかをお互いに話し合いながら決めて、実施していく必要があります。

三点目は、「行政改革は無駄の点検と削減である」ということです。無駄の点検、無駄の排除作業は必要です。住民に痛みを強いる前に、行政の無駄は削減しなければなりません。行政改革といった場合には無駄を削るというのは避けて通れないですね。無駄を削れという住民の声に、もう役所には一つも無駄はありませんと言い切れる人は、ここに何人いるでしょうか。ただし、節水だとか、節電だとかいったこと以外の「無駄」の内容は、見方によって、価値観によって、立場によって違ってきます。そこが難しいんです。ＮＰＭでなんでも切っちゃうか、ガバナンスで住民と内容を詰めながらじっくりと取り組むか、どちらにするかは、市町村によって異なるでしょう。

四点目は、「行政改革はネットワークの拡充である」ということです。これは具体的には、各種市民団体やＮＰＯ・ＮＧＯとの連携などです。これまで役所でやっていたことを単純にＮＰＯ・ＮＧＯにお任せしようとしても、そんなに簡単にはいきません。うまく動かしていくためには、市民社会を拡充するネットワーク関係の構築や連携が必要になります。

最後に、市町村行政改革の最終の目的、究極の目的、したがって、なかなか達成が難しいと思いますが、「行政改革の最終的な目的は市町村自立・自律の途の探求である」ということをあげておきます。それぞれの市町村が自分たちで運営できますということ、あるいは、自分たちでその地域を律し、治めることができますということです。

大切なのは「執行力」

最後に、おもしろい新聞の記事を紹介して終わりにしたいと思います。一つは、キャノンの御手洗冨士夫社長ですね。日本企業では国際化と称して、コーポレート・ガバナンスだとかいろいろやっている会社もあるけれども、いろいろな罠があり、それほど簡単ではないと書いています（『朝日新聞』二〇〇三年三月二九日、土曜版「ｂｅ」）。日本の状況はアメリカとは違うんだから、日本には日本の経営システムがあっているし、それを改良していく必要があると言っています。

いうことですね。

経営者の中にも、アメリカ型の経営方式をそのまま日本に導入することには懐疑的な人がいると

もう一つは、今朝の『朝日新聞』（二〇〇三年九月二〇日付け朝刊）の土曜版「ｂｅ」に、キャメル・ヤマモト氏（人材コンサルタント）が「戦略より執行力の時代」というエッセイを書いていました。このエッセイでは、最近、企業経営には戦略が必要だとか言われているけれども、そんなことよりも執行力の方が大事だと書いています。たとえば、日産のカルロス・ゴーン社長は、戦略を打ち出したことで成功したのではないというのです。変革プログラムは、前社長の時代からすでにあったのだというのです。ただ、実行していなかったのだというのです。ゴーン社長は、「執行」をリードしたことにこそ価値があると評価しています。ただ単に、ああすればよい、こうすればよいと頭の中で考えていても役に立ちませんよというわけです。そして、エッセイの最後を次のように締め括っています。

「最後に、悪い例の典型を一つ挙げよう。〇一年一月をもって『一府二二省庁』から『一府一二省庁』へと衣替えした中央省庁『改革』だ。内実は、まさに形だけのつじつま合わせ。数が変わっただけで、省庁の実態は、何ら変わらなかった。こういうものは『執行』とは言わない。『執行の回避』に他ならない。」

市町村行政改革についても、求められるのは改革を執行することだと思います。この点を指摘して本日の講演を締めたいと思います。

（本稿は、二〇〇三年九月二〇日、北海学園大学五号館六〇番教室で開催された地方自治土曜講座での講義記録に一部補筆したものです。）

著者紹介

佐藤　克廣（さとうかつひろ）
北海学園大学法学部教授。

一九五四年、秋田県に生まれる。八一年中央大学大学院法学研究科政治学専攻博士後期課程単位取得満期退学。八一年北海学園大学法学部講師、八六年同大学法学部助教授を経て、九四年より現職。

著書・論文に『日本の政府体系』、二〇〇二年八月（共著・成文堂）。「自治基本条例の課題」『地方自治職員研修』二〇〇三年三月号。『基礎的自治体システムの構築と地方制度改革』（共著）自治総研ブックレット78、二〇〇三年八月。「住民参加制度の条例化─最近の傾向と課題─」『地方自治職員研修』臨時増刊74、二〇〇三年一一月。「道州制の制度設計─地方制度調査会での議論を中心に─」『季刊　行政管理研究』No.104、二〇〇三年一二月。その他多数。

刊行のことば

「時代の転換期には学習熱が大いに高まる」といわれています。今から百年前、自由民権運動の時代、福島県の石陽館など全国各地にいわゆる学習結社がつくられ、国会開設運動へと向かう時代の大きな流れを形成しました。学習を通じて若者が既成のものの考え方やパラダイムを疑い、革新することで時代の転換が進んだのです。

そして今、全国各地の地域、自治体で、心の奥深いところから、何か勉強しなければならない、勉強する必要があるという意識が高まってきています。

北海道の百八十の町村、過疎が非常に進行していく町村の方々が、とかく絶望的になりがちな中で、自分たちの未来を見据えて、自分たちの町をどうつくり上げていくかを学ぼうと、この「地方自治土曜講座」を企画いたしました。

この講座は、当初の予想を大幅に超える三百数十名の自治体職員等が参加するという、学習への熱気の中で開かれています。この企画が自治体職員の心にこだまし、これだけの参加になった。これは、事件ではないか、時代の大きな改革の兆しが現実となりはじめた象徴的な出来事ではないかと思われます。

現在の日本国憲法は、自治体をローカル・ガバメントと規定しています。しかし、この五十年間、明治の時代と同じように行政システムや財政の流れは、中央に権力、権限を集中し、都道府県を通じて地方を支配、指導するという流れが続いておりました。まさに「憲法は変われど、行政の流れ変わらず」でした。しかし、今、時代は大きく転換しつつあります。そして時代転換を支える新しい理論、新しい「政府」概念、従来の中央、地方に替わる新しい政府間関係理論の構築が求められています。

この講座は知識を講師から習得する場ではありません。ものの見方、考え方を自分なりに受け止めてもらう。そして是非、自分自身で地域再生の自治体理論を獲得していただく、そのような機会になれば大変有り難いと思っています。

「地方自治土曜講座」実行委員長
北海道大学法学部教授　森　啓

（一九九五年六月三日「地方自治土曜講座」開講挨拶より）

地方自治土曜講座ブックレット No. 95
市町村行政改革の方向性

２００４年3月３１日　初版発行　　　定価（本体８００円＋税）
著　者　　佐藤　克廣
発行人　　武内　英晴
発行所　　公人の友社
〒112-0002　東京都文京区小石川５－２６－８
ＴＥＬ ０３－３８１１－５７０１
ＦＡＸ ０３－３８１１－５７９５
Ｅメール koujin@alpha.ocn.ne.jp
http://www.e-asu.com/koujin/

公人の友社のブックレット一覧

（04.3.31 現在）
表示は本体価格

「地方自治土曜講座」ブックレット

《平成7年度》

No.1
現代自治の条件と課題
神原勝　900円

No.2
自治体の政策研究
森啓　600円

No.3
現代政治と地方分権
山口二郎　［品切れ］

No.4
行政手続と市民参加
畠山武道　［品切れ］

No.5
成熟型社会の地方自治像
間島正秀　500円

No.6
自治体法務とは何か
木佐茂男　［品切れ］

No.7
自治と参加アメリカの事例から
佐藤克廣　［品切れ］

No.8
政策開発の現場から
小林　勝彦・大石和也・川村喜芳
［品切れ］

《平成8年度》

No.9
まちづくり・国づくり
五十嵐広三・西尾六七　500円

No.10
自治体デモクラシーと政策形成
山口二郎　500円

No.11
自治体理論とは何か
森啓　600円

No.12
池田サマーセミナーから
間島正秀・福士明・田口晃　500円

No.13
憲法と地方自治
中村睦男・佐藤克廣　500円

No.14
まちづくりの現場から
斎藤外一・宮嶋望　500円

No.15
環境問題と当事者
畠山武道・相内俊一　［品切れ］

No.16
情報化時代とまちづくり
千葉純・笹谷幸一　［品切れ］

No.17
市民自治の制度開発
神原勝　500円

《平成9年度》

No.18
行政の文化化
森啓　600円

No.19
政策法学と条例
阿倍泰隆　［品切れ］

No.20
政策法務と自治体
岡田行雄　［品切れ］

No.21
分権時代の自治体経営
北良治・佐藤克廣・大久保尚孝
600円

No.22
地方分権推進委員会勧告と
これからの地方自治
西尾勝　500円

No.23
産業廃棄物と法
畠山武道　［品切れ］

No.25
自治体の施策原価と事業別予算
小口進一　600円

No.26
地方分権と地方財政
横山純一　［品切れ］

《平成10年度》

No.27
比較してみる地方自治
田口晃・山口二郎　［品切れ］

No.28
議会改革とまちづくり
森啓　400円

No.29
自治の課題とこれから
逢坂誠二　［品切れ］

No.30
内発的発展による地域産業の
振興
保母武彦　600円

No.31
地域の産業をどう育てるか
金井一頼　600円

No.32
金融改革と地方自治体
宮脇淳　600円

No.33
ローカルデモクラシーの統治能力
山口二郎　400円

No.34
政策立案過程への「戦略計画」手法の導入
佐藤克廣　500円

No.35
98サマーセミナーから「変革の時」の自治を考える
神原昭子・磯田憲一・大和田建太郎 600円

No.36
地方自治のシステム改革
辻山幸宣　400円

No.37
分権時代の政策法務
礒崎初仁　600円

No.38
地方分権と法解釈の自治
兼子仁　400円

No.39
市民的自治思想の基礎
今井弘道　500円

No.40
自治基本条例への展望
辻道雅宣　500円

No.41
少子高齢社会と自治体の福祉法務
加藤良重　400円

《平成11年度》

No.42
改革の主体は現場にあり
山田孝夫　900円

No.43
自治と分権の政治学
鳴海正泰　1,100円

No.44
公共政策と住民参加
宮本憲一　1,100円

No.45
農業を基軸としたまちづくり
小林康雄　800円

No.46
これからの北海道農業とまちづくり
篠田久雄　800円

No.47
自治の中に自治を求めて
佐藤　守　1,000円

No.48
介護保険は何を変えるのか
池田省三　1,100円

No.49
介護保険と広域連合
大西幸雄　1,000円

No.50
自治体職員の政策水準
森啓　1,100円

No.51
分権型社会と条例づくり
篠原　一　1,000円

No.52
自治体における政策評価の課題
佐藤克廣　1,000円

No.53
小さな町の議員と自治体
室崎正之　900円

No.55
改正地方自治法とアカウンタビリティ
鈴木庸夫　1,200円

No.56
財政運営と公会計制度
宮脇淳　1,100円

No.57
自治体職員の意識改革を如何にして進めるか
林嘉男　1,000円

《平成12年度》

No.59
環境自治体とISO
畠山武道　700円

No.60
転型期自治体の発想と手法
松下圭一　900円

No.61
分権の可能性スコットランドと北海道
山口二郎　600円

No.62
機能重視型政策の分析過程と財務情報
宮脇淳　800円

No.63
自治体の広域連携
佐藤克廣　900円

No.64
分権時代における地域経営
見野全　700円

No.65
町村合併は住民自治の区域の変更である。
森啓　800円

No.66
自治体学のすすめ
田村明　900円

No.67
市民・行政・議会のパートナーシップを目指して
松山哲男　700円

No.69
新地方自治法と自治体の自立
井川博　900円

No.70
分権型社会の地方財政
神野直彦　1,000円

No.71
自然と共生した町づくり
宮崎県・綾町
森山喜代香　700円

No.72
情報共有と自治体改革
ニセコ町からの報告
片山健也　1,000円

《平成13年度》

No.73
地域民主主義の活性化と自治体改革
山口二郎　600円

No.74
分権は市民への権限委譲
上原公子　1,000円

No.75
今、なぜ合併か
瀬戸亀男　800円

No.76
市町村合併をめぐる状況分析
小西砂千夫　800円

No.78
ポスト公共事業社会と自治体政策
五十嵐敬喜　800円

No.80
自治体人事政策の改革
森啓　800円

《平成14年度》

No.82
地域通貨と地域自治
西部忠　900円

No.83
北海道経済の戦略と戦術
宮脇淳　800円

No.84
地域おこしを考える視点
矢作弘　700円

No.87
北海道行政基本条例論
神原勝　1,100円

No.90
「協働」の思想と体制
森啓　800円

No.91
協働のまちづくり
三鷹市の様々な取組みから
秋元政三　700円

《平成15年度》

No.92
シビル・ミニマム再考
ベンチマークとマニフェスト
松下圭一　900円

No.93
市町村合併の財政論
高木　健二　800円

No.94
北海道自治のかたち論
神原　勝　[未刊]

No.95
市町村行政改革の方向性
佐藤克廣　800円

No.96
創造都市への挑戦
佐々木雅幸　[4月刊行予定]

No.97
地方政治の活性化と地域政策
山口二郎　800円

No.98
多治見市の政策策定と政策実行
西寺雅也　[4月刊行予定]

No.99
自治体の政策形成力
森啓　[未刊]

「地方自治ジャーナル」ブックレット

No.1
水戸芸術館の実験
森啓・横須賀徹 1,166円 [品切れ]

No.2
政策課題研究の研修マニュアル
首都圏政策研究・研修研究会
1,359円

No.3
使い捨ての熱帯林
熱帯雨林保護法律家リーグ 971円

No.4
自治体職員世直し志士論
村瀬誠　971円

No.5
行政と企業は文化支援で何ができるか
日本文化行政研究会　1,166円

No.6
まちづくりの主人公は誰だ
浦野秀一・野本孝松・松村徹・田中富雄　1,166円　[品切れ]

No.7
パブリックアート入門
竹田直樹　1,166円

No.8
市民的公共と自治
今井照　1,166円

No.9
ボランティアを始める前に
佐野章二　777円

No.10
自治体職員の能力
自治体職員能力研究会　971円

No.11
パブリックアートは幸せか
山岡義典　1,166円

No.12
市民がになう自治体公務
パートタイム公務員論研究会
1,359円

No.13
行政改革を考える
山梨学院大学行政研究センター
1,166円

No.14
上流文化圏からの挑戦
山梨学院大学行政研究センター
1,166円

No.15
市民自治と直接民主制
高寄昇三　951円

No.16
議会と議員立法
上田章・五十嵐敬喜　1,600円

No.17
分権段階の自治体と政策法務
松下圭一他　1,456円

No.18
地方分権と補助金改革
高寄昇三　1,200円

No.19
分権化時代の広域行政
山梨学院大学行政研究センター
1,200円

No.20
あなたのまちの学級編成と地方分権
田嶋義介　1,200円

No.21
自治体も倒産する
加藤良重　1,000円

No.22
ボランティア活動の進展と自治体の役割
山梨学院大学行政研究センター
1,200円

No.23
新版・2時間で学べる「介護保険」
加藤良重　800円

No.24
男女平等社会の実現と自治体の役割
山梨学院大学行政研究センター
1,200円

No.25
市民がつくる東京の環境・公害条例
市民案をつくる会　1,000円

No.26
東京都の「外形標準課税」はなぜ正当なのか
青木宗明・神田誠司　1,000円

No.27
少子高齢化社会における福祉のあり方
山梨学院大学行政研究センター
1,200円

No.28
財政再建団体
橋本行史　1,000円

No.29
交付税の解体と再編成
高寄昇三　1,000円

No.30
町村議会の活性化
山梨学院大学行政研究センター
1,200円

No.31
地方分権と法定外税
外川伸一　800円

No.32
東京都銀行税判決と課税自主権
高寄昇三　1,000円

No.33
都市型社会と防衛論争
松下圭一　900円

No.34
中心市街地の活性化に向けて
山梨学院大学行政研究センター
1,200円

No.35
自治体企業会計導入の戦略
高寄昇三　1,100円

No.36
行政基本条例の理論と実際
神原勝・佐藤克廣・辻道雅宣
1,100円

No.37
市民文化と自治体文化戦略
松下圭一　800円

No.38
まちづくりの新たな潮流
山梨学院大学行政研究センター
1,200円

TAJIMI CITY
ブックレット

No.2
分権段階の総合計画づくり
松下圭一　400円（委託販売）

No.3
これからの行政活動と財政
西尾勝　1,000円

No.4
構造改革時代の手続的公正と
第2次分権改革
手続的公正の心理学から
鈴木庸夫　1,000円

No.5
自治基本条例はなぜ必要か
辻山幸宣　1,000円

No.6
政策法務の構造
天野巡一　1,000円

朝日カルチャーセンター
地方自治講座ブックレット

No.1
自治体経営と政策評価
山本清　1,000円

No.2
ガバメント・ガバナンスと
行政評価システム
星野芳昭　1,000円

No.4
政策法務は地方自治の柱づくり
辻山幸宣　1,000円

No.5
政策法務がゆく！
北村喜宣　1,000円

政策・法務基礎シリーズ
［東京都市町村職員研修所編］
（執筆者　加藤良重）

No.1
自治立法の基礎
600円

No.2
政策法務の基礎
［刊行予定］

No3
自治体政策の基礎
［刊行予定］

公人の友社の本

基礎自治体の福祉政策
加藤良重　2,300円

闘う知事が語る！
「三位一体」改革と
マニフェストガ日本を変える
自治・分権ジャーナリストの会
1,600円

社会教育の終焉［新版］
松下圭一　2,500円

自治体人件費の解剖
高寄昇三　1,700円

都市は戦争できない
五十嵐敬喜＋立法学ゼミ
1,800円

挑戦する都市　多治見市
多治見市　2,000円

国土開発と自治体法政策
駒谷治克　2,800円

米国都市の行財政
近藤直光　1,800円

新市民時代の文化行政
中川幾郎　1,942円

現代地方自治キーワード
186
小山善一郎　2,600円

地方公務員スピーチ実例集
小野昇　2,000円

アートを開く
パブリックアートの新展開
竹田直樹　4,200円

日本の彫刻設置事業
竹田直樹　3,900円

教師が変われば子供が変わる
船越準蔵　1,400円

学校公用文実例百科
学校文書研究会　3,865円